Sandra

W0060158

Der Bücherbär

Kleine Geschichten

Dieses Buch gehört:

_____

Volkmar Röhrig,
geboren 1952 in Lützen, studierte Germanistik und
Kulturwissenschaft, arbeitete u. a. als
Hörspieldramaturg, Regieassistent und Lektor. Heute
betreibt er eine PR-Agentur und schreibt erfolgreich
Hörspiele sowie Kinder- und Jugendbücher. Er lebt in
Leipzig und Mainstockheim.

Uli Waas,
geboren in Donauwörth, ist verheiratet und hat eine
Tochter und einen Sohn. Sie studierte Malerei und
Grafik an der Akademie der bildenden Künste in
München und hat seither zahlreiche Kinderbücher
illustriert. Sie lebt und arbeitet in Neu-Ulm.

Volkmar Röhrig

Delfingeschichten

Mit Fragen zum Leseverständnis

Bilder von Uli Waas

EDITION BÜCHERBÄR

In neuer Rechtschreibung

1. Auflage 2007
© Edition Bücherbär im Arena Verlag GmbH, Würzburg 2007
Alle Rechte vorbehalten
Einband und Illustrationen: Uli Waas
Gesamtherstellung: Westermann Druck Zwickau GmbH
ISBN 978-3-401-09082-5

www.arena-verlag.de

Inhalt

Darios Delfine

Dario angelt mit seinem Vater
weit draußen auf dem Meer.
Da kommt ein Delfin.
Er schwimmt ganz nah
an das Boot heran.
Er streckt den Kopf aus dem Wasser.
Mit seinen kleinen, runden Augen
guckt er den Jungen neugierig an.
Dario streckt die Hand aus
und streichelt
seine glatte, weiche Haut.

Plötzlich taucht eine schwarze,
dreieckige Rückenflosse auf –
ein Hai! HP
„Schwimm weg, schnell!",
ruft Dario erschrocken
dem Delfin zu.
Aber der Hai ist schon da.
Mit messerscharfen Zähnen
stürzt er sich auf den Delfin.
Der reißt sich los.
Doch der Hai greift wieder an.
Darios Vater schlägt mit dem Ruder
nach dem Hai und verjagt ihn.

Der Delfin ist am Rücken
und an der Schwanzflosse verletzt.
„Versuch ihn festzuhalten",
sagt der Vater,
„und streichle ihn."
So fahren sie zurück
in die Bucht am Dorf.
Dort versorgt der Vater die Wunde
und sagt beruhigend:
„Er ist jung und kräftig.
Er wird es überleben."
Dann schwimmt der Delfin
ins Meer zurück.
Am nächsten Morgen
kommen zwölf Delfine in die Bucht.
Einer hat eine Verletzung
und ihm fehlt ein Stück
seiner Schwanzflosse.

Dario freut sich,
er schwimmt zu ihnen.
Sie lassen sich streicheln
und ziehen ihn durchs Wasser.
Von nun an
kommen die Delfine
fast täglich,
und Dario schwimmt
und spielt mit ihnen.

13

Einige Wochen später
angelt der Junge allein
in seinem kleinen Boot.
Mit einem Mal treibt ihn
ein Sturm hinaus aufs Meer.
Dario will zurückrudern.
Doch eine Welle wirft das Boot um,
und Dario fällt ins Wasser.
Plötzlich taucht eine schwarze,
dreieckige Rückenflosse auf –
ein Hai!
Dario schwimmt mit aller Kraft.
Aber das Ufer ist weit,
der Hai kommt immer näher.
„Hilfe!", schreit Dario, „Hilfe!"
Da jagt ein Delfin heran.
Dann ein zweiter und ein dritter.
Schnell sind es zwölf.

Sie bilden einen dichten,
schützenden Kreis um den Jungen.
Einem der Delfine fehlt
ein Stück Schwanzflosse.
Erschöpft greift der Junge nach ihm.
Der Hai traut sich nicht anzugreifen.
Es sind zu viele Delfine.
Sicher bringen sie Dario
zurück in die Bucht.

☞ Wieso sind die Delfine
in die Bucht gekommen?

Sofies Ball

Sofie fährt auf einem großen Schiff
zu einer Insel im Mittelmeer.
Sie hat ihren roten Ball dabei.
Plötzlich ruft sie: „Delfine! Delfine!"
Der Bruder und die Eltern
laufen zu ihr.
„Wo, wo?", kreischt der kleine Robin.
Tatsächlich schwimmen Delfine
hinter dem Schiff her.
Sie springen aus dem Wasser
und tauchen wieder hinein.
Robin staunt:
„Das sind mindestens zehn Fische!"
Da lacht Sofie.
„Delfine sind keine Fische,
sondern Säugetiere.

16

Sie kommen zum Atmen
an die Wasseroberfläche.
Und sie haben keine Schuppen,
sondern eine glatte Haut."
Robin schnauft beleidigt:
„Du weißt alles besser!"
„Ätsch!", neckt ihn Sofie.
„Ich gehe ja schon in die Schule!"

17

Da entreißt Robin ihr den Ball
und wirft ihn ins Meer.
Sofie heult wütend auf.
„Den Ball hat mir
meine Freundin Alina geschenkt!"
Die Delfine spielen mit dem Ball.
Sie stupsen ihn in die Luft,
springen danach
und werden in der Ferne
immer kleiner.

Am nächsten Morgen läuft Sofie
mit ihrem Vater zum Strand.
Viele Leute stehen da
und schauen aufs Meer.
Denn vor der Küste schwimmen Delfine.
Sie spielen mit einem roten Ball.
Sofie ruft: „Das ist meiner!"

Der Vater erzählt den Leuten
von Sofies Ball.
Ein Fischer fragt:
„Soll ich ihn
mit meinem Boot holen?"
Sofie überlegt, dann sagt sie:
„Nein, ich schenke ihn den Delfinen.
Alina versteht das bestimmt!"
Später kommen Robin
und Mama zum Strand.
„Ich hab was für dich", sagt Robin.
„Augen zu und nicht blinzeln!"
Sofie hört ein Rascheln und Pusten
und fragt: „Ein Wasserball?"
Robin lacht: „Falsch!"
Neugierig öffnet sie die Augen.

20

Es ist ein aufgeblasener Bade-Delfin.
Er ist blau
und hat einen weißen Bauch.
Sofie freut sich.
„Komm, wir schwimmen damit!"

☞ Woran erkennt man,
   dass Delfine Säugetiere sind?

Lucky und Frank

Lucky, der Delfin, lebt im Zoo.
Seit Tagen frisst er nicht,
schläft nicht und spielt nicht mehr.
Denn sein bester Freund,
der Delfin Flipper,
wurde in einen anderen Zoo gebracht.
Nun ist Lucky allein.

Und weil es auch
für einen Delfin schlimm ist,
wenn der beste Freund weg ist,
ist Lucky krank.
Regungslos liegt er im Wasserbecken.
Der Zoodirektor sagt:
„Einen zweiten Delfin bekommen wir
erst in sechs Wochen."
Frank, der Wärter, antwortet besorgt:
„Das überlebt Lucky nicht!"

Frank denkt nach.
Dann kauft er
ein Glas saure Heringe.
Die isst er gern.
Er versteckt das Glas im Eimer
mit den Futterfischen
für den Delfin.

Am Becken holt Frank
einen seiner sauren Heringe
aus dem Eimer und isst ihn.
Lucky kommt neugierig näher.
Frank isst den nächsten Hering.
Da macht Lucky erstaunt
das Maul auf.
Schnell wirft ihm Frank
einen Futterfisch hinein.

Der Delfin fängt ihn und frisst.
Dann isst Frank wieder
einen sauren Hering.
Danach bekommt Lucky
wieder einen Futterfisch.
So frisst der Delfin
den ganzen Eimer leer.

Der Delfin frisst also wieder.
Aber er wird immer dicker,
denn er mag nicht mehr schwimmen.
Frank denkt nach.

25

Dann kauft er einen Taucheranzug.
Der ist blau auf dem Rücken
und am Bauch weiß,
wie ein Delfin.
Damit hechtet Frank ins Wasserbecken:
klatsch – platsch!
Er taucht und schwimmt.
Lucky staunt.
Frank stupst ihn an
und schwimmt schnell weg.
Da schwimmt Lucky hinterher,
stupst Frank an und reißt aus.
So spielen sie Fangen.
Dann köpfen beide mit dem Ball.

Und schließlich springt Lucky
wieder durch den Reifen,
so wie früher.
Nur Frank schafft das nicht.

Der Delfin schwimmt also wieder.
Aber er schläft immer noch nicht.
Frank denkt nach.

27

Am Abend holt Frank
von zu Hause sein Bett,
seine Zahnbürste
und seinen Lieblingskaktus.
Er stellt alles neben das Delfinbecken.
Lucky sieht ihm erstaunt zu.
Dann streckt Frank sich
auf seinem Bett aus,
deckt sich zu und sagt:
„Gute Nacht, Lucky."
Da schläft auch der Delfin ein,
ganz nah am Beckenrand,
ganz nah bei seinem Wärter.

Eines Tages kommt der Zoodirektor
wieder zum Delfinbecken.
Frank und Lucky haben gut geschlafen.

Danach hat Frank
saure Heringe gegessen
und Lucky seine Futterfische.
Jetzt schwimmen und spielen sie
im Wasser.
Der Direktor ruft:
„Nächste Woche kommt
der neue Delfin."
„Schön!", antwortet Frank.
„Dann sind wir drei!"
Und Lucky köpft ihm den Ball zu,
genau auf die Nase.

☞ Weshalb wurde Lucky krank?

Hiro, der Held

Hiro ist sieben Jahre alt
und lebt auf einer Insel.
Sein Bruder Isako ist schon groß.
Der fährt oft weit aufs Meer hinaus
und beobachtet Wale und Delfine.
Manchmal darf Hiro mitfahren.
Dabei freut er sich
über die springenden Delfine
und staunt, wenn einer
der riesigen Wale auftaucht.

Hiro weiß, dass Delfine
zur Tierfamilie der Wale gehören.
Delfine und Wale
haben keine Kiemen
und kommen deshalb
zum Luftholen
an die Wasseroberfläche.
Und beide Tierarten sind bedroht.
Deshalb kämpft Isako
auch gegen Walfänger.

31

Eines Abends berät sich Isako
mit seinen Freunden.
Am nächsten Tag wird wieder
ein Walfangschiff kommen,
um zu jagen.
Aber die Freunde wollen
die Tiere schützen.
Hiro will ihnen helfen.
Isako schüttelt den Kopf.
„Das ist gefährlich.
Du bist noch zu klein."

Vor Sonnenaufgang schleicht Hiro
zum Hafen.
Er versteckt sich unter einer Plane
in Isakos Boot.
Dann kommen Isako
und seine Freunde.

Sie fahren mit ihren Booten
aufs Meer.
Isako fährt schnell.
Die Wellen schlagen
gegen das kleine Boot.
Es ist dunkel unter der Plane.
Hiros Herz klopft aufgeregt.
Plötzlich ruft Isako:
„Die Walfänger!"

33

Hiro äugt unter der Plane hervor
und erschrickt.
Das Fangschiff ist riesig
und hat Kanonen.
Damit schießen die Fänger
mit Harpunen aus Eisen.
Dann tauchen zwei Wale auf,
eine Mutter mit ihrem Kind.
Die Fänger zielen
mit den Kanonen auf sie.
Isako und die Freunde
fahren schnell
mit ihren Booten zu den Tieren.
Nun zielen die Harpunen
auch auf sie.
„Verschwindet!",
schreien die Walfänger wütend.
Sie schießen aus Wasserwerfern.

34

Ein harter Strahl trifft Isakos Boot.

Er fegt die Plane fort.

Plötzlich steht Hiro

schutzlos im Boot.

„Hiro!", schreit Isako vor Angst.

Der Junge reckt

seine kleinen Fäuste

gegen das Schiff.

„Hört auf!", schreit er weinend.

35

Ein Walfänger ruft:
„Da ist ein Kind!"
Die anderen stellen
die Wasserwerfer ab.
Sie reden und streiten.
Dann gibt das Fangschiff auf
und fährt davon.

36

Die Wale sind gerettet.
Isako umarmt seinen Bruder
und sagt stolz:
„Ohne dich hätten wir das
nicht geschafft!"
Die Wale spritzen
meterhohe Fontänen
in die Luft,
dann tauchen Mutter und Kind
hinab ins Meer.

☞ Warum kommen Wale und Delfine
   an die Wasseroberfläche?

Die Flucht der Delfine

In der Bucht der Delfine
ist das Wasser klar und blau
wie der Himmel.
Hier bringen die Delfine im Frühjahr
ihre Jungen zur Welt,
bevor sie im Sommer
in den großen Ozean zurückkehren.

Die jungen Delfine sind verspielt.
Sie jagen durchs Wasser
und springen über Wellen.
Manchmal schwimmen sie
neugierig zum Ausgang der Bucht.
Dort beginnt der Ozean.
Draußen auf dem Meer
schwimmen riesige Schiffe vorbei.

Eines Tages schwimmt
ein junger Delfin
zum Ausgang der Bucht.
Er schwimmt sogar
noch ein Stück weiter hinaus.
Staunend sieht er
die Unendlichkeit
und die Tiefe des Meeres.
Er bewundert
die vielen bunten Fische.

39

Plötzlich ist ein riesiger,
dunkler Schatten über ihm
an der Wasseroberfläche.
Es ist ein Öltanker.
Aus dem Rumpf des Schiffes
fließt eine schwarze,
stinkende Flüssigkeit.
Wie ein Teppich legt sich
das Öl auf das Wasser.
Schnell bedeckt es
das ganze Meer ringsum.

40

Die Fische fliehen
in panischer Angst.
Der schwarze Teppich
treibt genau
auf die Bucht zu.
Der kleine Delfin
schwimmt schnell zurück
und warnt die anderen Tiere.
Sofort fliehen alle Delfine.
Auch die Möwen und Fische
können sich gerade noch retten.

Kurz danach erreicht
die schwarze Brühe die Bucht.
Die Tiere können nicht mehr zurück.
Denn das Öl vertreibt
alles Leben im Wasser.
Es verklebt die Federn der Möwen
und die Kiemen der Fische.
Es nimmt den Wasserpflanzen
das Licht.

An der Küste leben Menschen.
Sie haben den Ölteppich auch entdeckt.
Mit Booten schöpfen sie
das Öl aus dem Meer,
damit die Tiere bald wieder
in der Bucht leben können.

☞ Was hat die Delfine vertrieben?

Lösungen

Darios Delfine

Der Delfin, den Dario und sein Vater
gerettet haben,
kommt mit seinen Freunden in die Bucht,
um mit Dario zu schwimmen und zu spielen.

Sofies Ball

Delfine atmen und haben keine Schuppen.

Lucky und Frank

Der Delfin Flipper, sein bester Freund,
wurde in einen anderen Zoo gebracht.
Da war Lucky allein und wurde krank.

Hiro, der Held

Wale und Delfine haben keine Kiemen.
Deshalb kommen sie zum Luftholen
an die Wasseroberfläche.

Die Flucht der Delfine

Aus einem Schiff fließt Öl ins Meer.
Ein Ölteppich treibt in die Bucht der Delfine.
Dort können sie jetzt nicht mehr leben.

44

Der Bücherbär
Kleine Geschichten

Eine Auswahl aus dem lieferbaren Programm:

Sibylle Rieckhoff, Monstergeschichten
Ulrike Kaup, Nixengeschichten
Christina Koenig, Zauberschloss-Geschichten
Frauke Nahrgang, Abenteuerinsel-Geschichten
Nortrud Boge-Erli, Flaschengeist-Geschichten
Ulrike Kaup, Drachengeschichten
Frauke Nahrgang, Piratengeschichten
Manfred Mai, Abenteuergeschichten
Ulrike Kaup, Hexengeschichten
Sabine Jörg, Detektivgeschichten
Ulrike Kaup, Pferdegeschichten
Hannelore Dierks, Spukgeschichten
Insa Bauer, Rittergeschichten
Jan Flieger, Mutgeschichten
Nina Schindler, Elfengeschichten
Ingrid Kellner, Dinogeschichten

EDITION
BÜCHERBÄR

Jeder Band:
48 Seiten. Gebunden. Ab 6 Jahren.
Mit Bücherbärfigur am Lesebändchen.

www.arena-verlag.de